MARINA AGOSTINACCHIO

IN THE ISLANDS OF THE BOUGHS

NELLE ISOLE DEI RAMI

ILLUSTRATIONS/ILLUSTRAZIONI: PAOLA MUNARI
TRANSLATION/TRADUZIONE: TIZIANO THOMAS DOSSENA

IN THE ISLANDS OF THE BOUGHS

NELLE ISOLE DEI RAMI

Poetry Copyright © 2023 by: Marina Agostinacchio
Illustrations Copyright © 2023 by Paola Munari
Translated by: Tiziano Thomas Dossena
Copy Editor: Tiziano Thomas Dossena
Cover Design and Interior Layout: Dominic A. Campanile
On the front cover: Protect Life • *Proteggi la Vita* - Paola Munari
On the back cover: Support Me • *Sostienimi* - Paola Munari
Copyright © 2023 Idea Graphics, LLC • *Port St. Lucie, FL*
All rights reserved.

No part of this book may be reproduced or transmitted in any form or by any means, graphically, electronically or mechanically, including photocopying, recording, taping, or by any information storage retrieval system, without the written permission of the holder of the copyright.

ISBN: 978-1-948651-47-9
Library of Congress Control Number: 2023906804
Published by: Idea Press (*an imprint of Idea Graphics, LLC*) — Florida, USA
www.ideapress-usa.com
Administrative Office, Florida, USA • email: ideapress33@gmail.com
Editorial Office, New York, USA • editoreusa@gmail.com
Printed in the USA - 1st Edition, May 2023

To Paola

Suddenly, guardian spirits,
to the lightning, to the fire of the bark of the trees

A Paola

D'improvviso spiritelli guardiani,
al lampo, al fuoco di corteccia d'albero

INTRODUCTION

The verses of this book emerged from a strong visual impact aroused by Paola Munari's paintings of trees.

The artist portrays them with an eye attentive to detail and at the same time capable of transfiguring their matter and spirit, according to a contemplative and dreamlike perspective.

The word lives in the shapes and chromatic nuances of the watercolors; it becomes a line, a crack, an intimate disagreement, a question, and a human memory. However, the writing is also a testimony to the metamorphosis of the body that becomes the voice of the trees. It tells their secrets, the apparent silences, the landscapes, and the magical abstractions.

The eye moves among these living beings as if to perceive their secret, their symbolic, archetypal, universal code. It stretches along an axis unaware of the precise and unlimited succession of instants.

In harmony with the surrounding silence in which Munari seems to immerse them, the trees allow themselves to be crossed by the body in its entirety: cells, tissue, brain, mind and psyche.

The paintings presented in this book were part of the exhibition «The Standing People. The Energy of Trees in the Language of Art» on June 1st, 2017 - Spazio Artemisia, Padua, Italy.

INTRODUZIONE

I versi di questo libro nascono da una folgorazione ottica suscitata dai dipinti sugli alberi di Paola Munari.

L'artista li ritrae con uno sguardo attento al particolare e al contempo capace di trasfigurarne la materia e lo spirito, secondo una prospettiva contemplativa ed onirica.

La parola vive nelle forme e nelle sfumature cromatiche degli acquerelli, diviene linea, screpolatura, intimo dissidio, interrogativo, ricordo umano. La scrittura è però anche testimonianza della metamorfosi del corpo che diviene la voce degli alberi. Essa racconta i loro segreti, gli apparenti silenzi, i paesaggi, le magiche astrazioni.

L'occhio si muove tra questi esseri viventi quasi a percepirne il segreto, il codice simbolico, archetipo, universale. Esso si distende lungo un asse ignaro del susseguirsi preciso e illimitato degli istanti.

Tutt'uno con il silenzio circostante in cui pare immergerli Munari, gli alberi si lasciano attraversare dal corpo nella sua interezza: cellule, tessuto, cervello, mente e psiche.

I quadri presentati in questo libro hanno fatto parte dell'esposizione «Il Popolo in piedi L'energia degli Alberi nel linguaggio dell'Arte» del 1 Giugno 2017 - Spazio Artemisia Padova.

Loneliness of the Trunk
Solitudine del Tronco

A little at a time I will strive

to find the exasperated beauty

humanized in the cracks

where the tongue and the eye dwell;

the loneliness of the trunk...

I believed the radiating silver,

the footprint that leads to his discourse.

Un po' alla volta mi ingegnerò

a trovare l'esasperata bellezza

resa umana nella screpolatura

dove alloggiano la lingua e l'occhio;

la solitudine del tronco…

Credevo l'argento che si irradia,

l'orma che conduce al suo discorso.

Filigree Stitched Skin
Pelle Cucita in Filigrana

My body is now that white spear,

filigree stitched skin.

Weightless it wanders, visionary

in an hour escaped from the dial.

If you are seeking for a how, a when, follow there

the red of a leaf oblique to the branch.

Il mio corpo è ora quella lancia bianca,
pelle cucita in filigrana.
Senza peso si aggira visionaria
in un'ora scappata dal quadrante.
Se cerchi un come, un quando, segui lì
il rosso di una foglia obliqua al ramo.

Stellar Movements

Movenze d'Astro

They really were the outposts,

or the last ones left

for an insane pleasure.

I say to myself: Why have they brought me

here, so alone in the conflict

of tender azures? Slipping in there, straight,

the gaze of an owl, vague,

a stranger in the hinted texture...

Perhaps words to indicate every stellar movement.

Erano davvero gli avamposti

o gli ultimi rimasti

per un piacere insano.

Mi dico: Perché mi hanno portata

qui, così sola nel conflitto

di morbidi azzurri? Infilarmi dritta,

lo sguardo di civetta, vago,

estraneo nel reticolo accennato...

Forse parole a indicare ogni movenza d'astro.

Birches
Betulle

Rough against rough. On equal terms

we fight. I, my little splinters

that rise strong even in absence

of wind. I moan because I don't have anymore

the supple movements of the absolute

gash. Now I go up and down the stairs

along my body and I look in vain for the eyes.

Ruvide contro un ruvido. Ad armi pari
combattiamo. Io, le mie piccole schegge
che si innalzano forti anche in assenza
di vento. Gemo perché non ho più
le flessuose movenze dello squarcio
assoluto. Ora salgo e scendo scale
lungo il mio corpo e cerco invano gli occhi.

Clarity
Chiarità

It must be the moved silence

that summonses you to tell your

clarities

     — there, confined,

          wobbling in the circle that the water makes.

Precisely in that point I choose to be

myself,

replicated in the islands of the boughs.

Refractory

to cross roads.

Deve essere il silenzio mosso

che ti convoca a dire le tue

chiarità

    — là, confinata,

        traballante nel cerchio che fa l'acqua.

Proprio in quel punto ho scelto di essere

me stessa,

replicata nelle isole dei rami.

Refrattaria

a traversare vie.

Embraces

Abbracci

Embraces are continuous games,

leftovers of life, placed there

in a composed pity

that reticulates this becoming

mutilated. Being there...

A split of anxiety, contained.

Not rubble, but spirits

and souls stretching backward.

Sono abbracci i continui giochi,
avanzi di vita, messi lì
in una composta pietà
che reticola questo divenire
mutilato. Esserci...
Spaccata d'ansia, raccolta.
Non sono macerie, ma spiriti
e anime che si allungano a ritroso.

Remains

Resti

The sea collects everything,
stones and tree carcasses.
It may be the intent of an Archangel
to disguise me with the sharpest
visor on the face. So
I defend myself from the mud, just
where the wave hits and the stones
respond.
— A sprout again.

Tutto raccoglie il mare,
pietre e carcasse d'albero.
Sarà l'intento di un Arcangelo
travestirmi con la visiera più
aguzza sul volto. Così
mi difendo dal fango, proprio
dove batte l'onda e i sassi
rispondono.
— Ancora germoglio.

Protection
Protezione

I do not know anyone,

if not this falling of tufts.

I once already witnessed the agony

of proud folded hair

that still protected the mysterious

tangle of a body.

Surrendered and risen. I triple

the elbow and the knee.

                                        And I listen.

Non conosco nessuno,

se non questo ricadere di ciuffi.

Anche una volta ho assistito allo strazio

di fieri capelli ripiegati

che ancora proteggevano l'arcano

groviglio di un corpo.

Arreso e risorto. Triplico

il gomito e il ginocchio.

                                                E ascolto.

The Island

L'isola

That on the impervious begging

                                      — halfway

between tribal spirit and rubble,

leaning on the air—

a whole murmur of leaflets

could hang

… as if to say

that the edge of the world moves there;

a serenity of fingertips and water.

Che sull'impervio implorare

                            — a metà strada

tra spirito di tribù e calcinacci,

appoggiati all'aria —

si appendesse tutto un murmure

di foglioline

... come a dire

che lì si muove il confine del mondo;

un sereno di polpastrelli e d'acqua.

Radiating Foliage
Chioma che si Irradia

This bowing to a circle, the human
that triples himself obediently,
with the orbit wide open,
an eye that wants to be eyelids
of woods
      — radiating foliage —
To place ourselves in a code, an alphabet
no more mine, nor yours. A beginning
where emptiness lay.

Questo inchinarsi a un tondo, l'umano
che si triplica obbediente,
con l'orbita spalancata,
un occhio che si spende in palpebre
di bosco
    — chioma che si irradia —
Mettersi dentro un codice, alfabeto
né più mio, né tuo. Un dapprincipio
dov'era adagiato il vuoto.

Keep What's Left
Tieni Quel che Rimane

Never let your guard down

and keep what remains

of the sleepless head. Now breathe.

Claim the rarefied cloud.

Flown away is the hovering swallow.

Until yesterday in the childhood game,

to blend in the softness of a dawn

along the handrail

of the rings of vertebrae and bones.

Non abbassare mai la guardia

e tieni quel che rimane

della testa insonne. Ora tira su l'aria.

Reclama la nuvola rarefatta.

Trasvolata è la rondine che si sospende.

Fino a ieri nel gioco dell'infanzia,

mischiarsi nel soffuso di un'alba

lungo il corrimano

degli anelli di vertebra e di ossa.

Protect Life
Proteggi la Vita
Page • Pagina - 8

The Strength of Simplicity
La Forza della Semplicità
Page • Pagina - 8

Contrast to the Maximum
Contrasto al Limite
Page • Pagina - 16

Vain Reflexes
Riflessi Vanitosi
Page • Pagina - 20

Game of Weaves
Gioco di Intrecci
Page • Pagina - 32

Hands to the Sky
Mani al Cielo
Page • Pagina - 44

Leaves of a Deep Sea
Foglie di Mare Profondo
Page • Pagina - 12

Support Me
Sostienimi
Page • Pagina - 24

The Silence
Il Silenzio
Page • Pagina - 28

Looking for Peace
Cercando Pace
Page • Pagina - 36

Green Energy
Energia Verde
Page • Pagina - 40

Marina Agostinacchio

MARINA AGOSTINACCHIO lives in Padua, where she was born in 1957. She graduated with a thesis on the literary writings of Antonio Banfi. She taught Literature from 1983 to 2020. In 2002 she was among the winners of the Eugenio Montale International Prize for unpublished work. On the no. 178 of 'Poesia', Nicola Crocetti's magazine, *Elegia*, a short poem dedicated to her father, was released in December 2003.

She has published the following collections: *Porticati*, Ro Ferrarese (FE), Book Editore, 2006; *Blue, the-Pomegranate*, Pasturana (AL), Puntoacapo Publishing, 2009; *The Look, the Joy*, Narcissus Self-Publishing, 2012; *Between Bridge and Pavement*, with illustrations by Paola Munari, Venice, Centro Internazionale della Grafica, 2014; *Statues of Water*, accompanied by illustrations and engravings by the artist Elena Candeo, Venice, Centro Internazionale della Grafica, 2015; *Bab el Gherib* (The door of the wind), with illustrations by Graziella Giacobbe, Sesto San Giovanni (MI), Mimesis Edizioni, 2018; *Berlin Triptych*, with illustrations by Elena Candeo and Paola Munari, New York, Idea Press, 2021; *Dialogue with Albertine*, with illustrations by Elena Candeo, Caravaggio (BG) Divinafollia, 2022.

MARINA AGOSTINACCHIO vive a Padova, dove è nata nel 1957. Si è laureata con una tesi sugli scritti letterari di Antonio Banfi. Ha insegnato Lettere nella scuola dal 1983 al 2020. Nel 2002 è stata tra i vincitori del premio internazionale Eugenio Montale per l'inedito. Sul n. 178 di "Poesia", la rivista di Nicola Crocetti, è uscito, nel dicembre del 2003, *Elegia*, un poemetto dedicato al padre.

Ha pubblicato le seguenti raccolte: *Porticati,* Ro Ferrarese (FE), Book Editore, 2006; *Azzurro, il melograno*, Pasturana (AL), Puntoacapo Editrice, 2009; *Lo sguardo, la gioia*, Narcissus Self Publishing, 2012; *Tra ponte e selciato*, con illustrazioni di Paola Munari, Venezia, Centro Internazionale della Grafica, 2014; *Statue d'acqua*, corredato da illustrazioni e incisioni dell'artista Elena Candeo, Venezia, Centro Internazionale della Grafica, 2015; *Bab el gherib (La porta del vento)*, con illustrazioni di Graziella Giacobbe, Sesto San Giovanni (MI), Mimesis Edizioni, 2018; Trittico berlinese, con illustrazioni di Elena Candeo e Paola Munari, New York, Idea Press 2021; Dialogo con Albertine, con illustrazioni di Elena Candeo, Caravaggio (BG), Divinafollia, 2022.

Paula Munari

PAOLA MUNARI: she was born in Este and lives in Padua. She taught art and letters.

Her personal exhibitions include: "The colors of Dances," Montegrotto Terme, Villa Draghi, 2008; "Harmonies," Monselice, San Paolo monumental complex, 2009; "Era. Shades of a Rediscovered Time," Este, La Medusa cultural circle, 2012; "Sequentiality," Padua, 2014; "The people standing," Padua, Artemisia, 2017.

She illustrated the anthology of poems and stories *Base Times Height Divided by... Three*, Padua, La Chiave, 2003, and the collection of poetry by Marina Agostinacchio, *Between Bridge and Pavement*, Venice, Centro Internazionale della Grafica, 2014. Her illustrations have appeared in several magazines and books.

PAOLA MUNARI: è nata a Este e vive a Padova. Ha insegnato arte e lettere nella scuola.

Tra le Esposizioni personali si annoverano: "Colori di danze", Montegrotto Terme, Villa Draghi, 2008; "Armonie", Monselice, Complesso monumentale San Paolo, 2009; "Era. Sfumature di un tempo ritrovato", Este, Circolo culturale La Medusa, 2012; "Sequenzialità', Padova, 2014; "Il popolo in piedi", Padova, Artemisia, 2017.

Ha illustrato l'antologia di poesie e racconti *Base per altezza diviso... tre*, Padova, La Chiave, 2003 e la raccolta di poesia di Marina Agostinacchio, *Tra ponte e selciato*, Venezia, Centro Internazionale della Grafica, 2014. Sue illustrazioni sono apparse in diverse riviste e libri.

www.ingramcontent.com/pod-product-compliance
Lightning Source LLC
Chambersburg PA
CBHW042018080426
42735CB00002B/98